Gedichte

Christian Günther

Gedichte

Christian Günther

Bibliografische Information der Deutschen
Nationalbibliothek:
Die Deutsche Nationalbibliothek verzeichnet diese
Publikation in der Deutschen Nationalbibliografie;
detaillierte bibliografische Daten sind im Internet über
http://dnb.dnb.de abrufbar.

© 2023 Christian Günther
Herstellung und Verlag: BoD – Books on Demand,
Norderstedt
ISBN: 978-3-758300851

Frühe Gedichte

So fall doch, Schnee

So fall doch, Schnee, die ganze Nacht
Bedecke, was mich schlaflos macht

Sonett

Was der da gerade frisst, das würden andere brauchen,
in deren engen Mägen bittrer Schleim nur ist
und in die Wände kneift, dass man ihn nicht vergisst.
Ich will der feisten Bundesbürger Kiefer stauchen,
auf dass der Schmerz sie quält, selbst beim Zigarrerauchen.
Wenn einer einem Bettler in die Mütze pisst,
dann lachen sie erfreut, doch ich werd Terrorist,
der ihre Häuser sprengt, und sie in Autotrümmer-Meere
                                            tauchen.

Das alles ändert nichts, ich weiß, es ist ein Traum,
der mich befällt wie Fäulnis einen kranken Baum.
Schon lang fühl ich in meinem Innern mich verlassen
von aller Zärtlichkeit, dort ist es schwarz und leer,
auf diesem Narbengrund wächst keine Pflanze mehr.
Wenn ich nicht lieben kann, will ich zumindest hassen.

"Cause I'm the unknown stuntman"
– Ode auf Colt Sievers

Am Anfang sitzt du fett und mit unbeweg-
ter Miene drin, im Dreckwasser deiner Plansch-
und Badewanne, schmatzt Zigarre;
Howie und Jodie verzapfen Small Talk.

Doch später wirst du spurten, den Bauch verquetscht,
dich lahm auf Autos hechten und mittenrein
die plumpe Linke schicken; Frauen
bist du der Teddy, blickst stumm. Oh Colt! Ich …

(Hier brach der Dichter ab, um die Odenform nicht zu
verletzen.)

Freunde

In Sommernächten saß ich vorm offenen Fenster
saß da und wartete.
Ich weinte nie.

Im Winter wurde es schlimmer
es war wohl die Kälte
man hätte Schnee schippen müssen.
Ich sehnte mich nach warmen Ländern
in denen die Menschen nicht in Mänteln herumsitzen.
Es kann doch nicht so schwer sein!
Wie am Trapez: man fällt, wird aufgefangen,
wir fassen einander an den Händen, Füßen und Kniekehlen
Männer und Frauen,
ich ziehe dich hoch in die Luft, werd hochgezogen
in einem Zirkus voller Kinder
die schreien, wenn jemand abstürzt
und jubeln, wenn das Netz ihn auffängt, umarmt und
hochschnellt.

Fantasie Nr. 212a

Herbstlicht fällt ins Zimmer.
Ich sitze auf einem Stuhl in Staub und Schatten
und durch die klar dahinfließende Tür
sehe ich uns aus dem Fenster wirbeln
mit den Blättern durch die kalte Luft
in einen Laubhaufen.

Die Sonne steht niedrig über den Häusern
wir müssen die Augen zusammenkneifen.
Die Spinnweben hängen starr von der Decke,
die Tür ist aus Holz, weiß.

Fantasie Nr. 212b

Jemand hält meinen Kopf fest.
Kühlschrankluft strömt
aus deinem Mund
über meinen Nacken
Halswirbel ragen hervor
mit dem Telefonhörer streichst du darüber
bis du dir eine neue Zigarette anzündest.

Das Fenster rettet mich
ich falle mit dem Regen
klein und weich stehen die Tropfen neben mir.

Lloyd Cole: My Bag

In matt gelben Räumen
tanzen andere

Von der Feuertreppe
in den Himmel
der klar und schwarz und hell ist
und sich dreht
falle ich gerne

doch hoch oben
in der Winterluft
geht ein Flugzeug
wie eine Uhr

Malibu-blue

Du zogst die Saite an
und pfeilschnell schwang ich fort
Nie werde ich
im Swimmingpool der Nacht
dich, blaue Träne
wiedertreffen.

Regen fällt schwer gegen das Fensterglas

Regen fällt schwer gegen das Fensterglas,
Läuft Wand und schwarzen Stamm hinab ins Gras
Und weckt mich auf aus einem tiefen Traum,
Schon oft geträumt und doch erinnert kaum -
Fürchtest du dich?
                              Mein Schatz sieh her!
Ich schließe meine Augen gar nicht mehr.

Kind war ich, voll Märchen aus Ammenmund,
Allein musst ich treppab zum Kellergrund,
Wo hinter grauer Tür der Teufel saß
Und mir die Seele aus dem Körper fraß -
Fürchtest du dich?
                              Mein Schatz sieh her!
Sonst ist mein taubes Herz bald leer.

Mondin schaut bleich über der Stadt mir zu,
Wie ich von Haus zu Haus lauf ohne Ruh,
Als führten Stangen aus dem Boden mich,
So hüpf ich, grimassiere schauderlich -
Fürchtest du dich?
                              Sieh nicht mehr her!
Es war einmal, da liebte ich dich sehr.

Baby Blue

Wieder einmal denkst du, du seist wunderbar,
redest viel, doch deine Rede ist nicht klar,
ich erkenn die Zeichen und hab Angst:
Wie verhinder ich, dass du erkrankst?
Nachts durchirrst du barfuß unser altes Haus,
und ich frag mich müde: Ist es niemals aus?

Schwer und traurig ists zu sagen: „Du bist krank",
heimlich dir zu mischen Tropfen in den Trank,
dass du keine Wahngestalten siehst
und vor ihnen auf die Straße fliehst
wie ein Pfeil, der ziellos von der Sehne schwirrt:
Schon am nächsten Morgen wärst du ganz verwirrt.

Nervenheilanstalten kenne ich genau,
hab dich oft genug besucht in solchem Bau,
du bist still dort und ein leichter Fall,
andre schlagen um sich, schrein im Schwall.
Du schlurfst durch die Gänge, wendest dich mit Graus,
ich versuch zu trösten: „Kommst doch bald hier raus."

Früher haben wir viel über uns gelacht,
alberten kindisch bis in die späte Nacht.
Nun bin ich vor Sorge ganz erstarrt,
und dein Gesicht ist maskenhaft hart.
Nichts ist zu ändern an den Rufen des Pfaus.
Ruhig sehn wir uns an: Es ist niemals aus.

E e va

Heute saugt die Sonne
alle Menschen auf die Straßen
doch die harten Schatten
meiner Traurigkeit
verstärkt sie nur.

Im dunklen Haarwald verirre ich mich
und wenn ich zu deinen Augen finde
spiegeln sich dort ferne Himmel.

Du stehst an einem Bach mit Kieselbett
in einem fremden Land:
Hellkühle Rinde des Eukalyptusbaums
du bist aus heißer, blauer Luft
hierher gerissen.

Kleiner Sabu

Am Haarzopf des glatzköpfigen Dschinns
fliegst du über das Dach der Welt
tief unter dir löscht der Ganges die Toten
und sein süßes Wasser
in dem die Delphine spielen
steigt grün in die bärtigen Wipfel

Deutschlandreise

Wollknäuel aus Musik
Streichel die Rocklarve
Esstischfläche glänzt unter der Lampe
rentnerrelaxed
Kirschblüten im Dämmer
silberleuchten

Wesendoncksche Butterstulle
Rhabarberrabatten, Stachelbeeren
manches flieht
Schuld stibitzt mich

Die Laube und das Mobile der Mücken
unterm Buchsbaum
saß ich und sitz ich
Schwedentante große Fahrt
mit Meißner Porzellan
Dampf über blauem Meer
in Linien

Gnitzen werden baden gehen
im Perlenfächer brokatgepeitschte Busenwogen saugen
Bände werden sinken, Lider
zum Gras über blassblaue Augen
die Ringgold in der Erde wissen

WM – Feier

Neben dem Rhein und der Mosel fließt nun das Bitburger Bier auch
König Fußball regiert, lässt uns betrunken zurück.
Häuptling der Himmlischen! Senstest bissig einst durch den
Schnittlauch
immer hinterrücks rein: Beinbruch des Gegners war Glück.

Erster der Heerschar ist Lothar, läuft gebückt, bleckt seine Zähne,
traut nach vorne sich nicht, denkt an Lolita zuviel.
Bodo, Hüter des göttlichen Tors, hebt hoch seine Hände,
aber der Ball schwebt vorbei. Seltsam! Ein tückisches Spiel.
Immer noch besser als Köpke, Ersatzwart mit Rostbratwurstfingern.
Müde zieht Brehme die Bahn, tippt mit der Fußspitze auf,
scharrt wie ein Klepper den Huf und tritt den Ball als Banane,
Pottfrisur Berthold nimmt an, schießt gewollt lässig ins Aus.
Blondwehend hüpft vorne Klinsmann, hampelt die Abwehr ins
Schlingern,
Rudi schafft Platz mit dem Po, dauergewellt und ergraut,
bärtige Oma, du Spitzmaus, rackerst und spielst „erste Sahne".
Riedle nickt ein - auf der Bank -, wacht auf und sieht traurig aus.

Kicker! Funktionäre umklammern eure Herzen wie Ringer,
dennoch macht Spaß euch das Spiel, wollt den Olymp ihr hinauf.
Fernsehversunken und freudig schwenk ich die hässliche Fahne:
Holt euch den Stern. Oder auch nicht: Ich halt's aus.

Die Unke in der Schattenwelt

Anstelle der Blaupausenwelt
will ich die Pausenzeit
und manchmal zwischen Tisch und kalter Luft
Blaumeisenwelt im Winter

Die Heuschrecke zog ihre Beine an
bevor sie starb

Auch Klöppel aus Metall, Graphite
werden angezogen
Elektromagnetismus! die Ströme fließen im Kreis
Huck Finn sitzt nicht am Ufer
eines Mikroschaltwerks

Es geht um Geld
in unsren dunklen Bauten
- Utopia verhallt als Eselsschrei -
bewegen sich Termiten braungebrannt
„die Leitung steht"
wir sinds!

Wallace Stevens

Hohe Wolldecken und Schokoladentafeln!
Goldener Buchstabe im Runzelrücken
Holz knarrt und lederne Stiefel
Draußen liegt die Stadt wie nasses Treibholz
Nichts wärmt, nichts als Gedanken
An Tabakkringel und Logik
Des erfundenen Gavin Stevens
Blätter blühen im Kopf
Las Meninas belebt von Klienten

Motorengebrumm, Sandwiches mit Pastrami
Zirpendes Florida!
Durch Regenvorhänge und Sümpfe
Weh ich wie Wind in die Buchten
Fege den Staub und wirble Geschichten
Von verwitterten Bootsplanken auf
Wir teilen das Brot .
Nachts lausch ich dem Kratzen der Feder

Schicksals-Ballade

Bei seiner Muhme, krank und alt, wuchs er gar einsam auf
und spielte ganz allein in einem tief verwunschnen Garten.
Die Eltern sah er kaum, so trüb begann sein Lebenslauf.
Erst Jahre später wohnte er zuhaus, sah Mutter warten
und hörte sie weinen; wenn Vater dann kam, zog Streit herauf ...
In Büchern lebte er und las von heldenhaften Taten.

Er las ganz wahllos alles, was ihm in die Hände fiel,
bestand auf abgelegnen Inseln wilde Abenteuer,
durchschwamm, den Dolch im Maul, manch haiverseuchtes Meer,
ritt buckelnd' Mustangs zahm und briet Kaninchen überm Feuer.
Von schönen Damen schwirrte ihm der Kopf; es war zuviel:
Gebeugt und bleich, so hockte er im Bibliotheksgemäuer.

Mit andren Kindern draußen spielen wollte er nicht mehr;
die Schule war ein Graus, dort ließen sie ihn nicht in Ruhe.
Die äußre Welt mit ihrem Lärm erschien ihm schlecht und leer,
sein allerliebster Platz war eine eichne Büchertruhe.
In seinen Träumen dichtet' er sie ab mit Pech und Teer,
fuhr dann darin wie Queequeg einst hinaus aufs Meer.

'Was ist das Eigne, was ist das Fremde?', so tönt die Leier.
Wir bleiben allein, und das macht uns malade.
Vergesst 'Die Füße im Feuer' von Ferdinand Meyer
und lauscht dieser Schicksals-Ballade.

Bald las er verbotene Bücher, lag Tage liederlich herum,
weil Liebeskunst der Kurtisanen seine Glieder packte,
und frönte zwanghaft Lastern, stillte Lust aus Not mit Rum ...
So kam es, dass sein Wesen schnell in sich zusammensackte.
Was war nun falsch und was war richtig? Die Fragen machten stumm.
Sein Kopf war eine Schüssel, wo schmutz'ges Lese-Wasser brackte.

Die Aknepickel sprossen; wenn man ihn fragte, wurd' er rot.
Mit seinem besten Freund getraute er sich nicht zu sprechen.
So schwieg er nur und dachte bang: 'Bin hässlich, stinke, ein Idiot'
Die Mädchen lachten über ihn. - 'Wüsst ich doch nur einen Spruch, einen
                                        frechen',
so ging's in seinem Hirn umher. Er aß kaum noch vom Pausenbrot.
Mit Süßigkeiten gelang ihm nicht, die andren zu bestechen.

Die Schule, das war bald zuende, nun kam die Bundeswehrzeit.
Er wurde von allen bespuckt und gehänselt, die Vorgesetzten schrien.
Sie schlugen ihn halbtot mit Freiheit, Recht und Einigkeit

und ließen ihn vor Helm und blankgewichsten Stiefeln knien.
Vergröbert durch den Dienst, war er von nun an stets bereit,
dem ersten besten mit Gewalt den Scheitel neu zu ziehen.

'Was ist das Eigne, was ist das Fremde?', so tönt die Leier.
Wir bleiben allein, und das macht uns malade.
Vergesst 'Die Füße im Feuer' von Ferdinand Meyer
und lauscht dieser Schicksals-Ballade.

Er ging zur Universität, sein Fach war Philosophie,
dort saß er in Seminaren, verstand kaum einen von den Sätzen
und lernte niemanden kennen: Im Hörsaal beschlich ihn Melancholie,
zu Hause packte lähmend ihn Entsetzen:
'Dies furchtbare Studium beend' ich doch nie!'
So hockte er in seiner Stube und riss die Papiere in Fetzen.

Sein Zimmer war schmutzig, und alles roch schlecht, doch ihm gefiel der
                                    Dreck.
Die Stimme war rostig, weil er niemals sprach, er dachte, er hätte Läuse ...
Egal, er wusch sich schon lange nicht mehr, ging nur noch zum
                                    Schnapskaufen weg.
Denn wenn er bloß trank und nichts mehr aß, so dacht' er, verhungern die
                                    Mäuse.
Na ja, eines Tages, im Laden, traf er ein Mädchen mit Schönheitsfleck.
Sie sah ihn nur mitleidig an, da flüchtete er schnell ins Gehäuse...

Nun träumte er jede Nacht von ihr, von ihrem blonden Haar,
vom schönen kirschenroten Mund, den wollt' er so gerne küssen.
Er wälzte sich ohne Schlaf herum, sah vor sich ihr Augenpaar,
tiefgrün wie die See mit Tupfern so braun wie die Schale von Haselnüssen.
Er wartete tagsüber auf sie im Laden, da, wo sie gewesen war:
Denn irgendwann, so glaubte er, würd' sie vorbeikommen müssen.

'Was ist das Eigne, was ist das Fremde?', so tönt die Leier.
Wir bleiben allein, und das macht uns malade.
Vergesst 'Die Füße im Feuer' von Ferdinand Meyer
und lauscht dieser Schicksals-Ballade.

Viel mehr ist nicht passiert: Er hat sie nie wieder getroffen,
saß nur allein zuhaus und hat sich dann schnell totgesoffen.

Drei frühe Songs

Hedgehog

the plane takes off
you sit inside
a blanket on your knees

the stars hang close and cold
while time gets slow on board
deep down waves rock and roll

the riders leave
- wild acrobats
in silv'ry glitt'ring dress

I catch sheep with a rope
and from the circus roof
drops drip upon my head

outside some birds
southbound get soaked
in sticky poplar trees

a clerk goes home from work
and somewhere gypsy folk
eat hedgehog baked in clay

The park

I walked through a deserted park
- leaves on the ground were orange -
and watched a man building a hut
behind wet shrubs well hidden

he made the roof from loosened moss
then offered me a cup of tea
out of a battered thermos flask
it tasted so deliciously

There are some magic teas
with milk and sugar sweet
that make you feel at ease
then knock you off your feet

Do not try to recall
The things you did or dreamt
To do – you are condemned
- if you awake at all

Inside did squirrels quietly squat
my host lighted a fire
and handed us a chestnut each
to roast upon the pyre

into the caustic smoke he spoke
"I could not bear my jealousy
my love I left to live alone
until the cold will kill me"

There are some magic nuts
Brown shell and hot inside
That stop thought's cuts from trust
But take you with the tide

Do not try to recall
The things you did or dreamt
To do – you are condemned
- if you awake at all

Tuesday Morning Workside Blues

Zieh morgens an der Strippe
Licht knallt auf die rotgegerbte Lippe
Valpolicella fließt uringelb in den Keller
Wer will hier Nutella?
Schnell die Hände brühen vor dem Stück Frühen
rote Fingerhummer
da geht ein Summer!
Nick Cave Microwave
Spüli in den Ascher gießen
mit dem Schwanz das Haus verschließen
aus den Türen Spermafäden
Kleenex winken hinter Läden
Schlipse kämpfen sich durch Matsch
Stolpern, Fallen, Landen – platsch!
weg von Magenplagen Blagen
mit dem Kopf-und-Kragen-Wagen
geradeaus in ein altes Backsteinhaus
Windgeheule in der Wirbelsäule
Beinkeule in der Blechbeule
alles in die Aktentasche
lauf Masche, du Flasche!

Kindheit und Jugend

Postheim

Im Erdgeschoss des Centers ist eine Eislaufbahn
zwischen Betonsäulen
läuft die Familie herum
eine der Schwestern geht träumend verloren
und träumend warten wir.

Silvester in den Gängen
kichern die Mädchen
und fliegen die Haare
rot und karamell
auf Höhe der Türklinken
rot ist der Erwachsenen-Punsch
aus geschmolzenem Schnee.

Dann schauen wir zum Himmel,
die Schwestern Schnupperdecken in der Hand.

Sommerdämmerung

Unglückliche Freunde der Eltern auf Ausflügen
an einem dunklen See, Sprungturm und
Föhren, sachkundiges Schulkind
in Lederhose hört zu
„Dort ist jemand ertrunken"

Grauschiefer und Vaters Geliebte
wir fuhren mit ihrem Mann im Auto
Mutter und Bruder auch auf den Sitzen
Blocksberg nicht weit

Ich hatte Wasserläufer beobachtet
Spuren von Gnomen in den Stollen
tief unter uns

Schulfahrt

Eine moderne Hotelanlage
Reiten ist möglich, Tennis weiß rot.
Aber der linkische Körper bleibt besser im Parka
versteckt, denn alles spiegelt nur dich
und deine Brille wo früher Raubtieraugen
wild und schön schienen.

Bilder der anderen
schleifen dich jetzt an den Haaren
Halbnackt verstrickt
werfen sie dich
in den chlorenen Strudel.

Du trocknest die Sachen im Zimmer auf der Heizung
isst Knäckebrot
hörst nur schon noch
weit weg die Mutter weinen.

Die Mumins

Vado las aus dem Buch vor:
Letzte Sommertage
Lampion-Wehmut
leuchtete im Blattdunkel

wie vierzig Jahre später
an Minkes Geburtstag.

Befreundet sein mit jemandem
der immer weggeht und wiederkommt,
die Hatifnatten - faszinierend
- schwierige kleine Mü

Vom Marionettentheater

Um die Ecke steht immer noch der Betonklotz der
indonesischen Botschaft
Darin war zu einer Wohltätigkeitsverkaufsveranstaltung
geladen

Eine Tänzerin – in Brokat gehüllt, Frangipani-Blüten in der
Kopfhaube – forderte mich auf
ihre schwarz weiß schwarzen Augen, ihre Arme und Hände
bewegten sich fremd
verlockend Furcht einflößend

Ich eckte im Rollkragenpullover

Abzählverse

Chou-Chou

Ich geh zu der Hyäne
doch die hat gelbe Zähne
Ich reite auf dem Gnu
und aus bist du

Wir haben tolle Pläne
und schippern lecke Kähne
den Hai erfreut Ragout
und das bist du

Wo sind die Kapitäne?
Sie sind in Quarantäne
im Hafen von Peru
dort findst du ewge Ruh

Ich tauche zur Muräne
Sie sagt: „Wenn ich jetzt gähne,
dann bist du Irish Stew!“
Sie irrt, denn das bist du

Als eine sehr mondäne
Granddame mit Migräne
erwachst du in Port Bou
hast aber keinen Sou

Ein wunderbarer Däne
hat alle deine Hähne
geleert: bankrott im Nu!
Du warst ein leichter Coup

Schon wird dein Haar zur Mähne
mit einer grauen Strähne
hast nur noch einen Schuh
wo du jetzt bleibst, sieh zu

Fürs Feuer suchst du Späne
es rollt so manche Träne
verrückt wie Betty Blue
da draußen, das bist du

Frou-Frou

In den Bäumen singen Finke
und dort schaukeln viele pinke
Pampelmusen am Bajou
es ist heiß und aus bist du

Wenn ich mit der Hand nur winke
kommt sofort die wieselflinke
Kellnerin mit Namen Wu
einer fehlt: und das bist du

Während ich Rum-Cola trinke
denke ich an dein Gehinke
auf dem Berg in Katmandu
du sahst aus wie Winnie-Pooh

Weil ich meine Karten zinke
dabei mit den Augen blinke
hab ich Angst vor Wus Filou
es ist aus! Er kann Kung-Fu

Erst als ich Gitarre plinke
da entkrampft sich seine Linke
viel zu niedrig mein IQ
ich brauch Hilfe: Wo bist du?

Kommt es, weil ich männlich stinke?
Halb nach Schweiß und Parfüm 'Cinque'?
Überallhin folgt mir Wu
Hast du in Newhaven 'Flu'?

Wenn ich auf den Diwan sinke
drückt Wu sanft herab die Klinke
und sie zeigt mir ihr Tatoo
'Baby bye' und 'I love you'

Sechs zu null

Deine grünen Augen leuchten wie Smaragde,
meine sind zwei abgewrackte
stumpfe Murmeln, rot und oft entzündet:
Eins zu Null für 'Grün und unergründet'.

Du genießt entspannt ein Gläschen Wein,
ich leg meine Leber flaschenweise ein,
sehe bald die erste weiße Maus:
Du lebst froh, ich muss ins Krankenhaus.

Während deine Öhrchen Liedern lauschen,
hören meine Schrottohr'n nur noch Rauschen.
Was ist das? Der Ton ist plötzlich aus.
Höre gar nichts mehr. Bin ich jetzt raus?

Nein, ich werd nicht sauer, ich bin sauer:
Reflux bis zum Hals, das macht mir 'Aua'.
Du schlägst Zähnchen rein, in was du willst:
Schoko oder Koko -, und mich killt's.

Glatt und makellos sind deine Beine,
voll von Wurm- und Würstelvenen meine.
Du bist stark, ich operiert und schwach,
liege bald mit einem Holzbein flach.

Du Gesunde löffelst deinen Quark,
ich dreh durch, die Pumpe pumpt zu stark.
Der Druck ist hoch, mein Herz schlägt leck,
du bleibst ganz cool -, und ich bin weg.

Usbekistan

Lied für einen Reiseführer

Ich sing jetzt ein Lied auf Usbekistan,
das Land mit dem blauen Himmel.
Nennt mich danach ruhig Kannitverstan
- ich schau hoch ins Schwalbengewimmel -,
doch hört euch mein Lied zu Ende an,
lest nicht zuviel Annmarie Schimmel.

Usbeken lieben den blauen *Tschapan*,
die Ritter Sport *Tjubetejka*,
und sitzen mit Grüntee auf dem *Taptschan*,
das Radio spielt leise 'Ma Baker'.
- „Die können doch alle kein Auto fahrn",
flucht hupend am Steuer Jörg 'Alles-Maker'.

Mit *Assalom Aleikum,* so grüßt man hier herum,
- die Hand aufs Herz gelegt: *Waleikum Assalom*!
Das sehr zentrale Kaufhaus trägt den Namen *ZUM*.
Zwei Lire etwa sind ein Sum, manch einer sagt auch Som.
Mit Säcken voller Sum gibts dann den Voll-Konsum:
„*Bratan,* kauf einen Nexia, komm!"

Das Fladenbrot knusprig und leck'rer *Lagmán*
- schon gut, der Plow bleibt die Krönung der Küche.
„Wer weiß, was man sich hier alles einfangen kann",
- Fettschwanzschafsfett- und Pferdewurstgerüche -,
dagegen kämpft der Expat tapfer an
und kommt so manchem Keim mit 'pinkie-water' auf die Schliche.

In Regenrinnen gegrilltes Schaschlík,
am Kuchenstand gibt's 'Ameisenhaufen':
Wem das nicht schmeckt, der nehme den Strick,
doch vorher lasst uns Schampanskoje saufen:
„Auf Völkerfreundschaft, die Frauen und ... hick! ...
Wer geht jetzt eine Flasche Wodka kaufen?"

Ich fahr mit der blauen, rasanten Tram,
der Sommer wird wärmer und wärmer.
Karimov hat Angst vor der Kraft des Islam'.
Die Dörfler werden von Tag zu Tag ärmer.
'Achtung! Die Wahabiten sprengen den Damm!'
Für Geld schlucken *djewuschi* Sperma.

'Sei stolz aufs Vaterland - 1A *Watan*!'
Die kleinen Jungen baden unter den Fontänen.
Amir Timur besiegte Dschingis Khan -
im Metzeln beide Meister, - wollt' ich nur mal erwähnen.
Die Jungs sind Fans von Zinedine Zidane
und knacken Sonnenblumenkerne Fließband mit den Zähnen.

Ganz artig sitzen Liebespaare am Kanal,
nicht immer lässt sich das Mädchen gleich küssen.
Selbst wenn er nach neuester Mode fast kahl
erscheint, wird er die Worte finden müssen.
Sonst beißt er wie mancher vor ihm auf Stahl
hier unter den Pappeln und Haselnüssen.

Taschkent ist immergrün, denn hier am Straßenrand
lauert Miliz: Schakale und Hyänen;
am besten machte man *Pelmeni* draus und äße sie mit Schmand.
Doch ich mach besser Schluss mit solchen Plänen,
sonst wird dem SNB mein Name bald genannt,
und über Nacht bekäm' mein Haar ganz viele weiße Strähnen.

Taschkenter Gedichte

I

Durch die Kulissen der Stadt
die sein eigener Kopf ist
gehen Stumme auf vorgeschriebenen Bahnen;
Figuren
- alle Andersheit ist Täuschung -
in seinem langweiligen Stück.

Jeden Augenblick aber
können sie erwachen
zu wirklichem Leben
gegen ihn.

Endlich sprachlos
wird er dann vielleicht einer
der eine Wand türkis streicht
oder einer Taube ins dunkle Auge sieht.

II

Alte Frauen zupfen Unkraut.
Um ihren Grasstreifen
fahren die Reichen Karussell.

Eine dunkle Pfütze
liegt wie ein Loch
in der wurmstichigen Erde.
Wie schafft es die Frau
ihren Kinderwagen vorbeizuschieben ?

Der Tod ist ein Holzwurm
aber trotzdem
kugelt man sich.

III

Die Sehnsucht
ohne Gedanken
immer in Bewegung
zu sein.

Aber der Held
in einem Hongkong Film
folgt einem Drehbuch.

Du kannst
nicht einmal ohne Angst
eine Zigarette schnorren.

[...]

VI

Mit Blau und Grün ist alles von mir übermalt,
Wand einer großen Kuppel.

Endlich ein Schmetterling.
Sein Flug schreibt einen Namen
in fremder Schrift.
Und Regen sprenkelt
unverständlich.

VII

Welche Dimension hat ein plattgefahrener Frosch?
fragt der, den Nichts umgibt
und der im Maulbeerschwarz versinkt,
um dem Flüstern im Saal
zu entkommen, allein mit dem Film.

Er schlägt ins grüne Wasser
bis er das weiße sieht.

VIII

Wer graben will, soll auf den Friedhof gehen
oder in Schächten schürfen.
Statt Freundesaugen auf den Grund zu sehen,
lasst uns zusammen Grüntee schlürfen.
Denn Blicke aus der Nähe
bis in die dunklen Tiefen
gab es in mancher Ehe
- bis beide auseinanderliefen.

IX

Das Drahtgewirr von Trolley und Tram
weit unter dir
schaust du hinab auf die Platanenkronen

Im Meergrün jagen Schwalben heran
umströmen in Wellen das Haus

Dies Bild zu übersetzen hoffst du
das Sommersehnsuchtsschreien
und kochst nur Marmelade ein.

X

Mal bewaldet, mal sandig
locken die Ufer.

Gelänge es mir
Abend für Abend zurückzukehren
vom gedeuteten Blick.

Erst wenn der Fluss nur noch öliges Schwarz ist,
klimme ich an Bord
und erinnere mich der Strömung.

XI

Azur.
Ein kleines Weiß zieht hin.

Die Taube fliegt
das Segel steht
die Wolke wolkt

Ich lese sie
wie sie schon viele lasen
bis sie sich in sich selbst zurückverwandeln

Abschied

Teeglas
Dieses Teeglas kostete einmal vierzehn Kopeken
und brachte geschmolzenen Schnee
in Räume voller Machorka-Rauch.

Wie viele Hände hast du schon gewärmt?
Haben dich schon viele Lippen geküsst?

Dampf steigt von ihm auf
wie Atem in der Kälte.

Gummitwist
Vergangenes im Sinn
den Kopf im Gras
verbrannt den Nacken
den dein Mund sonst kühlte
seh ich die Wolken
zu dir nach Osten ziehen
von dort kommt Nacht

Seegrün in meinen Augen
sieh nicht zurück!
Das Salz erstarrt
und zieht mich auf den Stein
an Küsten branden Küsse
Ertrunkener

Der Messer-Mond sticht
in meine Kammer
wo niemand singt
Wenn ich ein Vogel wär
ich flöge übers ewiggleiche Meer
und lachte glücklich
bis die Fische springen

Im Garten

Ein Gummischwimmbassin hängt an der Wäscheleine
Und Bälle liegen noch im Gras
Gebleichte Stellen warten auf mehr Regen.

Das Wort blieb ungesagt.
'Enough of not being loved enough'
Als sei das alles ein Cole Porter Song.

Die Wolken ziehen weg
Und werfen eine Kusshand nach.

Wilde Tulpe

Wilde Tulpe rot und grün und hellgrün
es ist März und du bist du nicht sie
die dort wo wilde Tulpen wuchsen nun
den Frühling wieder neu allein erlebt

In den Innenhöfen riefen Wachteln
aber uns hat das kein Glück gebracht
sicher rufen sie auch heute wieder
in den Häusern jener fernen Stadt

Hier im Garten hängt ein leerer Käfig
von der letzten Reise ein Geschenk
Raum für Bilder oder Selbstanklagen
auch wenn keine wilde Tulpe blüht

Am Fenster

Wir schwammen prustend auf den See hinaus
ein Foto zeigt
dich lächelnd und verliebt
wie du den Kopf auf meine Schulter lehnst
ein Augenblick nur Jahre her
das Foto lügt
vielleicht wie ich auch schon gelogen hab

Der blaue Himmel sirrt
Erinner dich nur noch an euch
befreien kann allein
die eigne Deutung siehe Stan
Cavell der andre darf auch anders sein

Warum nicht immer traurig sein
und zwischen alten Bildern wandern gehn
wie am See
oder Hand in Hand
unter Bäumen mit ganz fremdem Duft

der Blick aus meinem Fenster geht hinaus
auf einen Wald
doch dem ist alles gleich
der Frühling kommt nun ohne dich

Ich schau den Uferstein nicht an

Unter den kalten Sternen
Die Anziehung
stärker als der Gummizug deines Büstenhalters
hatte auf eine ferne Hochzeitsgesellschaft geführt
wo das Brautpaar,
das, wenn die Gäste 'bitter' riefen,
sich küssen musste,
mich deinetwegen für wankelmütig hielt

Unter den kalten Sternen
eine Nelkenzigarette

Die Fahrt hinaus
Das Innere erinnert sich
an einen Flügelschlag

Die Straße führte uns auf Berge zu
An einer Ecke war ein Laden
vor dem Frauen Fladenbrote aus Kinderwagen verkauften

Immer wieder
leuchtet sein Bild
in meiner Dunkelkammer-Seele auf

In einem fernen Tal
Seele, flieg doch auf
zieh einen hellen Kondensstreif
über die Hügel der Heimatstadt
Oder verglimmst du wie Funken, stiebst
knisternd, elektrisch kurz nur empor?

Als wir uns zudeckten war es so
in einem fernen Tal

Regensprenkel

Regensprenkel
oder eine Schneeflocke, schwebend:

Auf einem Lampionzug
ging ich eine Allee entlang.
Mit anderen Kindern und ein paar Erwachsenen.

Zwanzig Jahre später
stöberten du und ich voller Glückshormone
durch leere Straßen.
Attacken wie
'Wortspiele sind
ein Zeichen von Unsicherheit'
waren Erinnerungen
aus einem Alkovenzimmer mit roten Samtvorhängen.

Im heißen Sommer zweitausenddrei
hockten wir an einer Tankstelle
auf dem Asphalt unter Robinien
und glaubten nicht ganz
nie wieder gemeinsam in Wellen zu tauchen
oder uns an dem kleinen Bahnhof am See zu küssen.

Regensprenkel …

Erinnerungen an Freunde

Schmetterlinge über den Knicks

Schmetterlinge über den Knicks
wo du vor vielen Jahren Feuer legtest.

Über dem Gemischtwarenladen deiner Mutter
saßt du einmal beim Dackel
als ich Silvester anrief:
Dzien dobry, jestem Artur Winner
- wir kannten uns aus einem Polnischkurs.

Manchmal grillten wir am Fluss ...

In einem Park mit Kriegerdenkmal
hätte uns beinah ein Ast erschlagen
bei deinem letzten Besuch.

Michael

Die Nachricht von deinem Tod
bekam ich von deiner Frau in Italien
in diesem nicht enden wollenden Sommer,
vier Wochen vorher hatten wir uns getroffen
im Park des Klinikgeländes,
deine Jeans waren dir viel zu weit geworden.

Wir kannten uns vom Fußballspielen,
jeden Samstag auf den Rheinwiesen, zwanzig Jahre lang.
Einmal, nach einem Foul, sprangst du auf wie unter Strom
und später brachst du dir beim Wegstoßen eines alten Italieners beide
                                            Zeigefinger.

An deinen Geburtstagen schmierte deine „Omma" Leberwurstbrötchen
und wir aßen Schokolade mit Messer und Gabel, die Hände in Fäustlingen.
Als wir dir ein Agentenset aus Plastik schenkten, fandst du das nicht so
                                            lustig.

Du erzähltest gern Witze, die ich mir nicht merken konnte, und Stories
wie von einem Flashback auf dem Moped vor der Schule
- du dachtest, du fährst, gabst Gas -
doch der Motor war aus, das Ding stand,
und von einem Weihnachten,
als du mit einem Messer auf deinen Vater losgingst und ihr in den Baum
                                            fielt
oder vom Tag, als du auf der Autobahn anhieltst,
weil du dachtest, du seist im World of Warcraft Spiel
und Kräuter pflücken wolltest.

Eine Zeitlang traf ich dich öfter
vor der Eisdiele in Godesberg,
du pafftest Marlboro
immer eine Tasse Kaffee irgendwo
„Jetzt ist unsere Familie fast ausgestorben",
riefst du mir mal lachend hinterher.

Immer noch kann man deine Stimme hören, wenn man bei euch anruft.
„Hallo, hier sind die Füchse.
Wir sind momentan außerhalb des Fuchsbaus, aber sprecht uns doch aufs
                                            Band, wir freun uns."

Und dein Grab ist, denk ich an meine Jugend, ganz in der Nähe.

Schlummer sanft, Waldemar

Mitte der Siebziger kamst du mit deiner Familie aus Schlesien,
plötzlich warst du in unserer Klasse,
weizenblond, untersetzt,
kräftige Hände – mit denen du
„Schópin", wie du ihn nanntest, spielen konntest.

Deinen Akzent hast du nie verloren,
polnisch und weich melodiös,
früher mal habest du einen Schlag an die Schläfe bekommen,
wahrscheinlich habe dabei die LaPlace'sche Region
deines Gehirns etwas abgekriegt.

Einmal hat deine Mutter uns Bigos gekocht.
Du hast dann Medizin studiert,
spieltest eine Zeitlang Fußball mit uns,
trankst gern mal ein Bier mit mir,
wohntest wie ich in einem winzigem Zimmer.

Literatur und Medizin waren oft Themen für uns.
Später als Arzt auf Norderney last du viel
wechseltest öfter die Stellen,
littest mit misshandelten Kindern,
fluchtest auf deren Eltern.

Immer mal wieder sahen wir uns,
zufällig meist, wenn du vom Friedhof kamst,
wo du das Grab deiner Großeltern pflegtest.
Zu meiner Hochzeit konntest du nicht kommen,
dann begann deine Chemo.

Bei deinem letzten Besuch hattest du durch die Mittel
deine Kinderlocken wiederbekommen und viel zu viel Torte mitgebracht.
Wie oft habe ich später, so lang es noch ging, dein altes Foto auf Whats App
           betrachtet,
wo du mit Mutter und Bruder in einem düsteren Zimmer spieltest,
sechs Jahre alt - mit langen glänzend blonden Locken.

Lieder

Walzer

Arbeit ist das ganze Leben,
viel zu lachen gibt es nicht.
Schnell zur Schule, denn es gongt gleich.

Klar fließt der Bach
durch den Regen, der Kreise aufdruckt,
verschwindende.

Ordnung ist das ganze Leben,
Alphatiere an den Start.
Lehren lernen muss man lernen.

Ein Restaurant hängt ans Ufer geklebt
überm Wasser
wie in Taschkent.

Dichte nicht, denke didaktisch,
denke didaktisch und lauf
zu den Zügen, Referendar.

Hässliche Rohre, die über den Köpfen
und zwischen den Häusern verlaufen,
sind ferne Erinnerung.

Kölsches Lied

Er soh risch knackisch us, dö kölsche Jung -
Et wor de jecke Zick, mer danzte op döm Desch
Und maachten ratzfatz Knuddel mitte Zung
Er jangma mit sing fixe Finger an de Wäsch.

Trink disch doch nochen Bier
Du bissen Saujedier
Isch nömm disch mit zo mir
Do süßer Kanonier.

Neun Monaat wigge un ön Pänz wor do
Sin Bap, wenn er's denn wor, hätt et noch nie jesäng
Isch jlöw, dat Quallmann hätt sin fussisch Hoor.
Et hört op Pia un is mehr wie fresch.

Trink disch doch nochen Bier
Du bissen Saujedier
Isch nömm disch mit zo mir
Do süßer Musketier.

Et wor datselbe Spill so mansches Johr
„Wat soll", fräscht misch ming Frünndin do, „de Tinnef?"
„Wieso? Familje is doch wunderbar.
Me werden immer mehr! Jetz simme fünnef."

Trink disch doch nochen Bier
Du bissen Saujedier
Isch nömm disch mit zo mir
Do süßer Kavalier.

Schweben
(nach der Melodie von ‚Cheek To Cheek')

Kinder, mein Zylinder
ist verkauft, doch auch die Wollmütz steht mir gut
und ich zauber euch sogar was ohne Hut
rufe munter: Nehmt euch Suppe, das macht Mut

Schweben, seht mich schweben
mit dem einen Kind im Arm zum Wickeltisch
Windeln wechseln, Strampler zu und alles frisch
mit Sohn Nummer eins zum Kindergarten – zisch

Ja, ich würde gerne reisen
von Paris nach Tel Aviv
aber nichts ist so berauschend
wie der Familienmief

Ja, ich hätte gerne Muße
hielte Bierchen öfter schief
aber nichts ist so berauschend
wie der Familienmief

O mein Liebling, Honigschnecke
ja, wir schiffen um die Klippen
und der Kuss von deinen Lippen
unser Zungendippen:

Schweben, lässt mich schweben
durch den langen Tag und durch die müde Nacht
es wird alles leicht, mit Nonchalance gemacht
so vergehn die Jahre schnell und sanft und sacht

Nach Sehnsucht süchtig
(nach der Melodie von ‚Der Wind hat mir ein Lied erzählt')

Zu zweit sind wir in der Nacht, leises Schnarchen füllt den Raum.
Und Mückensirren. Metaphysik? Vielleicht im Traum.

Nach Sehnsucht süchtig, so steh ich am Fenster und riech den Lindenduft.
Die Liebe liebt das Wandern, Schubert schu bi zou bi zou.
Schon alt schau ich zurück aufs Blau, auf mich und bleib mir unbekannt,
die Wellen schwappen an den Strand.

Am Meer stand ich abends oft und ich hab gehofft – auf was?
Ein andres Leben, zum Beispiel Puschkin zu treffen auf ein Gläschen Kwaß.

Nach Sehnsucht süchtig, so steh ich am Fenster und riech den Lindenduft.
Die Liebe liebt das Wandern, Schubert schu bi zou bi zou.
Schon alt schau ich zurück aufs Blau, auf mich und bleib mir unbekannt,
die Wellen schwappen an den Strand.

Die Planken

(nach der Melodie von ‚La Paloma')

Ich sitz im Segelboot auf dem Bodensee
Kein Wind weht, ich denk nach und trink Ostfriesentee …

Welch Quatsch man von Seefahrt plus Romantik erzählt
Wie viele Kadetten aber wurden gequält
Sadistische Kameraden, Missbrauch, viel Leid
Von wegen das Blau, die Sterne, Unendlichkeit
Ein Schiff ist ein Rattenkäfig – brutal
Das Wasser ist salzig aufgrund der Tränenzahl

Auf, Matrosen, ohé, niemals wird es vorbei sein
Ihr betrügt eure Liebsten im Hafen hier oder dort
Seemanns Braut ist die See, und nur ihr kann er treu sein
Ihr bekriegt euer Meer wie den Tripper, suhlt euch im Port

Das Meer ist nicht weit, eng ists, ein Kojensarg
Das ist der Raum, den man hat, das Deck am Tag
Die Verbrechensspuren, gut durchmischt, ungerührt
Wiegt sie das Wasser, aber Sperma samt Blut führt
Zu den Schiffen, Orte des Grauens jedoch
Gibt es noch mehr an Land, Großstadt als Folterloch:
Buenos Aires, Rom, Berlin - alles verroht

Ich ess meine Seele und steuer das Boot …

Auf, Matrosen, ohé, wann wird es endlich vorbei sein?
Denn die Hand, gewaschen, weiß doch, was sie tat, Aug sah Schreckliches
viel
Seemanns Braut ist die See, und nur ihr kann er treu sein
Und die Taten ziehn Täter hinab durch die Planken bis unter den Kiel

Momente

Die Zukunft sei noch einmal offen

Die Zukunft sei noch einmal offen
und Unschuldsspeck verjünge das Gesicht:
Schlacksige Jungs, Hip-Hop im Ohr,
albern, Flip-Flops im Kopf,
Mädchen, bauchfrei
mit Glitzernabel, halten Händchen;
dunkle Gedanken: überall Babel.

Das Brausen bleibt draußen.
In den kleinen Toilettenraum
scheint die Sonne durch Milchglas.
'Is that all there is?' -
'Ich wette, dass ich noch nicht tot bin.'

Die fliegenden Kraniche hängen
in einem Projektionssaal.
Nebenan strömt Straßenluft
aus einem Schacht.

Berlin

Draußen, irgendwo vor Berlin:
ein ehemaliger volkseigener Betrieb als Pferdehof
versorgt von einem Trinker, ‚Moppel' genannt,
der Schlager krachen lässt.
Schrott liegt im Sonnenschein,
die Kinder spielen.
Kartoffelsalat.

Die Flügel des Nazibaus
spreiten sich adlerhaft
Geschichte heißt Seen voll Blut,
wir fahrn mit der S-Bahn
in den Tiergarten: rudern
- so viele Menschen unter den Weiden –
Erinnerung ans Schwimmen zu dritt
die Sommersprossen kühlen aus
im Grunewald

Gleisdreieck

Afrikanische Stimmen rufen
in einem Schuppen
über den Gleisen
und die Abendsonne wärmt
das Paar, ihre Kinder, mich

Vom blauen Himmel aus
ist niemand allein

Zwei Bücher

Zwei Bücher
einen Sommer lang:

Frei und anders
schwer zu verstehen
körperlich und -los
ein Flussgeruch steigt
aus den Seiten

Dagegen Weißdornduft
im langen Blick zurück
gefangner Fänger, der
mit Geist von sich befreit

Die Spur des Gespensts

Ich bin ein Cyborg, aber das macht nichts.
Nur Medium sein.
"Ich wünschte, ich wäre noch einmal jung und könnte all die
Drogen nehmen, die ich genommen habe."

"Nils Holgerson flog mit den Gänsen davon"
singen die Nichten.

Oben im Blau leuchtet ein Kondensstreifen,
wächst eine Küstenlinie mit Palmen.

Im Moment der Bildbetrachtung stoppt der innere Monolog

Fünf mal zwei Meter hohe Bilder mit je einem Spiegelei
drauf
Schwarze Buchstaben, ein rot und rosaweißer Farbbrei als
Feuer an einer Lunte oder Mund
zehn Jahre später kurz vor seinem Tod
immer noch Kohle, Acryl, Papier, Leinwand
Bilder wie riesige Merkzettel
'Vorsätze
mehr trinkn
nicht malen
Keine Literatur
schneller Auto fahren'

Die Pappel

Blick ins Dunkel
zwischen den glitzernden Blättern
Erinnerung an mich
kletternd vor vielen Jahren

Alles ist ich fühlt das Kind
mit meiner Hand spielend
neben mir kurz vor dem Schlaf

Die Pappel war ich.

Experimentelles

Korrekturgedicht zu ‚Ginkgo Biloba' von Johann Wolfgang Goethe aus dem Jahre 1815

Ginkgo:
Stinko

Rainer R. Milka: Sonette an O
1
Da schrieb ein Baum. Ne kleine Überschreibung!
O. Osbourne singt! O Tannenbaum im Ohr!

Reiner Reinette Pilca™: Reinette an Fuji [1]

13
Fuji-Apfel, Birne und Banane,
Stachelbeere … Alles dies zerkaut
rot und grün und gelb im Mund … Christiane …
Esst das Obst, schmatzt leis' bis mittellaut
wenn's euch nun super schmeckt. Nah kommt von weit.
Wird's Apfelbrei im Munde – volle Hucke?
Wo sonst Worte waren, fließt jetzt Spucke,
von der Zunge pfeilschnell abgeseiht.
Schwer zu sagen, was ihr Apfel nennt.
Diese Süße, die sich erst verdichtet,
um, beim Schmecken neu gewichtet,
klar zu werden, wach und transparent,
doppeldeutig, sonnig, erdig, hiesig -:
O Erfahrung, Fuji, Freude -, riesig!

---

[1] Sponsor: EDEKA – Wir lieben Lebensmittel.

**Versuch, Walter Benjamins These zum mimetischen
Vermögen der Sprache zu belegen**

schmetterling
babotschka
kapalak
kelebek
butterfly
farfalla
papillon
mariposa – vanesa
húdié
motyl
borboleta
metelik
pfeifmuatter / budervogel
fjäril
vlinder
lepke / pillangó
kipepeo
perhonen
„ferlascha"

Yol

yol
hüzün
kar

dinleme
rifat ve dağlarca iyi
aksu süper

dinlemek

„Bajm wern a peltsl bistu farblibn a schefele"[2]

di tojte

schuldike penemer
farschikert ich

bald neschome
in regn - tam

Cockney Pan Tau

Es war im Monat Huhn
in der Ex-Tschechoslowakei
ich wollte Frauen Kaffee
vor einem Disco-Bauch
ich musste fluchen
und zahlte einen hohen Preis
Langoschkatze Himmel-Schwarz
hinter dem Hasen
sie führte die Zügel
aus drittem Brot wurde Wald
wir nahmen eine Prise
Lange Tulpen -
Starsky, Starsky!
Danach begann das Welken …
„Was soll der ganze Quatsch?"

---

[2] Abraham Sutzkever: Griner Akwarium

Inschriften auf Spielplätzen und einem Grabstein

„Willkommen im Mini-Puff!"

In Latein und abgekürzt:
„Pudens
Freigelassener des Centurionen Volumnis
ist hier beigesetzt und
Auctus
Freigelassener"

„Dicht?
  Normal"

„A-Team"

Amy

Ruß von verbranntem Ghee
Kohlenstaub und Vaseline
Maybel 1913
Lasting Drama
Blackest Black

Ju Ju

Kleine Figur
undurchdringlich schwarze Augen
„wah!"
Block das Böse

Plastiktroll
mit neonpinkem Haarschopf
„wah!"
Zieh deinen Kreis

Lucha libre Blech-Ringer
Lass dich quetschen

Dschinn, komm aus der Flasche
„wah!"

Gedanken / Visionen

Infinitesimal

Du hast noch eine Minute
Wie die Schildkröte,
die von Achill nie erreicht wird,
tauch hinein,
und die Welt der Sekunden fächert sich auf,
Zehntel erblühen, Hundertstel entfalten sich,
Tausendstel glitzern …
Und du hast Zeit
All das gehört dir
Bis ins Unendliche

Inger

Den Frühling gibt es, aber er ist noch nicht da
Schneeglöckchen sind nur Erinnerung
wie beinah alles je älter man wird

Aber es gibt sie, die Bilder zum Beispiel
Francescas Hieronymus, und man findet sie
die Robinien unter dem hellblauen
Himmel; oder im Korridor einer Klinik
schweben Seerosen durch ein glückliches Medium

Alles das gibt es und die Phantasie auch
die Parallelwelt, die bei jedem versteint
mit der Zeit; aber auf Stein können fremde
Pflanzen wachsen, die manchmal zu finden sind
wie Blätter, wie Freunde in Fremden

Chiral

Vertauschte Hirnhalbkugeln
mein Spiegelbild, ein Twist,
Ich-Molekül gespiegelt
zelltief chiral

Kein Träumer: Hazardeur, viril
er geht leicht über Leichen, Frauenkörper
und hat Erfolg, zieht aus

Ich seh ihn nicht mehr wieder

Odysseus

Odysseus
die Sonne im Nacken
blickt auf zwei Welten
dunkelblau das Meer, hellblau der Himmel
Körper und Ziel
Tod und Erkenntnis
so denkt er kurz
sieht dann auf seine braun gebrannten Hände
und das gebleichte Deck, die Holzplanken

er atmet ein
die Nacht wird kommen
wir sind wie Wolken

Schriftstellerleben

Umzingelt von Arbeit,
sind mir vor vielen Iden
die Ideen flöten gegangen
Mozart hasste die Flöte,
ich musste sie spielen

Unerfreuliche Gedanken schwirren durch meinen Kopf

Puschkin schon als Gymnasiast ein Wüstling mit Syphilis
- ein paar gute Texte, das wars.

Ingeborg 100 filterlose Gitanes pro Tag
mischt sich unter die Prostituierten in Rom

Ich bin das gestrandete Meereswesen
aus La Dolce Vita
lös mich immer noch auf
werf Tabletten ein gegen den Kater-'Sylvester'-Kopfschmerz,
die Jagd auf Tweety ist die Suche nach Erkenntnis

Die Abgründe wie die Täler in 'Frost',
der Hass in Brinkmanns heller Stimme

Aber es gibt auch das Andere

Auf einem Balkon über Rom 1959
sind Ingeborg, Hans Magnus und Günter glücklich
und zeigen lachend die schlechten Zähne

Ich seh die langen Linien

Ich seh die langen Linien
die Furchen, von Pilgervätern in die Erde gezogen
die Flugbahnen der Kugeln, die Indianer töteten
die Linien, von Peitschen ins Fleisch der Sklaven geschnitten

Ich seh die Mächtigen über Leichen gehen,
die Schlingen zuziehen, Tod bringend allen anderen

Ich seh die Verrohung überall
von den Eltern weitergegeben an die Kinder,
seh das Mitgefühl sterben, den brutalen Humor

Ich seh den Terrorismus, das Legalisieren der Folter,
das Beifallklatschen

Ich seh die Blasen, in denen wir gefangen sind
die verstörte Jugend

Ich seh, dass alles hier stirbt
und die Erde sich bald
als Aschekugel um die Sonne drehen wird

Ostern

Inmitten von Olivenhainen
hüten wir das Haus von Freunden
mit Hund, Katze, Goldfisch.

Der Wind zieht ums Haus
der Hund an der Leine
ein Regenbogen spannt sich von Berg zu Berg.

Jesus war ein Untoter, denke ich,
mache dich, mein Herze, rein.
Nein, eineinhalb Tage ein Toter
dann auferweckt von Gott
der Stein von Engeln weggewälzt.

Welt, geh nicht aus, bleib da.

Wir

Am Teich der Kindheit:
der Hund unterm Eis
die aufgepusteten Frösche
der große Fisch, den ich zuhaus in die Badewanne legte

Sie leben weiter

Das Meerschweinchen, halbkalt,
der vergiftete Hase, sich windend
vor vielen Jahren gestorben

Sie leben weiter

Die toten Freunde
unter der Hügelkuppe, unterm Platanenweg,
die toten Eltern
unter einer Birke im Dorf,
nicht weit von Eisdiele und Edeka

Sie leben weiter

Ich sterbe noch
und werde weiterleben

Erinnerungen II

Die Kirsche

Die Kirschblüte
mit der Enkelin in deinem Baum
die Bienen herbeisingt
hast du erlebt

Deine allerletzte Kirsche
dir in die Hand gelegt
war noch nicht ganz reif

Pflaumenblau
vom Grab aus zu sehen
… Haselnüsse

Madonna

Dynamit-Städtchen
mit Blasmusik und Jagdhund-Schau
Mischung aus Wasserpudel und Pointer

Ins Treppenhaus eines umgebauten Schlosses ragt,
gesponsert von einer Maschinenfirma,
eine Figur aus Holz, einige hundert Jahre alt,
als habe sie's von einem Schiffsbug hierher verschlagen

Dunkle Anziehmadonna im Unterkleid
du reichst mir die einzige Hand

Vor einem Vierteljahrhundert

Nachts auf dem Spielplatz neben einer Kirche
lass ich viel hinter mir

Umgeben von Häusern voller Stille zu Bett gebrachter
Kinder
streck ich die Beine hinauf in den schwarzen Himmel
Musik über englische Mädchen im Ohr

Im Blütenregen flieg ich übern Kirchhof dahin
Die Geister der Toten fangen mich auf

An deinem Bett

Dein letztes Silvester
wir aßen deutschen Kaviar
und sahen Dinner for One
"you look younger than ever"

Schnee lag

für immer

Klinikgelände

Die goldne Sonne scheint
auf eine Wiese
mit Pusteblumen, Apfelbaum und Kind,
das auf dem Laufrad lächelnd einen Hügel hinunterfährt
bis zur Wand eines großen Gebäudes,
in dem Nervenkranke behandelt werden.
Vor einem Strauch liegen durchweicht
eine Strumpfhose, ein Schlüpfer, ein Shirt und Socken.
An der Paulownie vorbei
führt der Weg zu einem Kreis kleiner Birken,
der an kranke Kinder erinnert,
die in der NS-Zeit von hier abtransportiert und ermordet
wurden.

Pi – Pu – Pua

Unter der Neondecke im Kaufhaus
bin ich wieder in den 70ern
nicht mit meiner Mutter
nun mit Frau und Kind
Wir spielen Ball zwischen hängenden Klamotten
rauschende Treppen, leer

Draußen im Dunkel
beuge ich mich mit seinem Gewicht auf den Schultern
zu einem Bettler, der ihn anlächelt
Leute drängen sich an einer Frittenbude
Der große Kürbis …

Auf dem Boden steht ein leuchtender Hausaltar
an Strom angeschlossen
mit Buddhafiguren und Kaki-Früchten
Wir essen Koriander Suppe
Autos gleiten vorbei

Teile

Vor ein paar Tagen
die letzte Libelle, taumelnd
Gestern
noch einmal zwei Fledermäuse am dunklen Himmel jagend
- Warum, Pua?

Ein warmer Wind bewegt die Bäume
auf einem Plattenbau flattert die Deutschlandfahne
wenn die Nase kitzelt muss man sich schlagen oder trinken,
sagen die Russen

Nicht zu durchdenken das Ganze
also Teile auflisten

Brauner Bär

Croquettant Praliné-Bonbons
mit 15

Terrys Chocolate Orange
im kleinen Postladen in Shaw

Saint Jacques Schokolade
einen Riegel lutschend
dazu Karamell-Tee schlürfend
Anfang 30

Nelken Zigaretten Kretek
beim Chinesen gekauft
der süße Geschmack
Schwindelanfälle
ein 9. November
ein Konzert der Magnetic Fields
eine Kurzgeschichte von Javier Marías
um die 40

Du hattest dir ein Spiel mit Bildern ausgedacht

Du hattest dir ein Spiel mit Bildern ausgedacht,
moderne Malerei, zu der man etwas sagen musste,
wir haben viel gelacht
Und deine Augen – wie die Stimme – waren dunkel.
Dann fuhren wir ein Stückweit durch die Nacht,
an einer Ampel zeigtest du mir deinen nackten Fuß.

Ein andres Mal hab ich dir Brot geklaut,
du freutest dich, wir tanzten, der Morgen hat gegraut.
Doch dann ging dieser Sommer ganz allein vorbei, als Blues.

Erst tief im Herbst da trafen wir uns wieder
und küssten uns so stark, dass du dein Portemonnaie
- im Blow-Up groovten Lieder -
vergessen hast:
Wir sind zweimal im Taxi zu dir hingerast.

Im Rückspiegel

Wir knutschten lang in Düsseldorf am Teich
und auch in einem Zug nach Pisa
Ach, wie sind deine Lippen weich!
Du lächeltest wie Mona Lisa
denn ich hielt mich für allzu witzig.

So viele Nächte heiß und schwitzig
ging' in Italiensommern hin,
die Fledermaus beschnalzte unser Flüstern.

Am Morgen sah ich dann bei deinen Eltern in der Küche
bewundernd auf dein Apfel- und Zitronenbild.

Mit unsern Kindern reisten wir an zauberische Orte –
im Radio lief Musik von Mina, auch Battisti-Rock,
Perugia, Vasto, Elba wurden mehr als Worte
und ich steh weiter unter deinem schönen Schock.

Späte Songs

Mortalità - Walzer der Vergänglichkeit

Auf grünem Fahrrad von Pininfarina
gleit ich durch Straßen der umbrischen Stadt
lese die Namen der alten Autoren
sehe auch Blüte und seltsames Blatt

Orazio, Seneca, Ovidio
Albizie, gefiedert fragil
ein Kapernbusch wächst aus der Mauer
so rosa, das hilft mir schon viel

All diese Dichter sind tot, sagten uns
Tiefes, erhellend und doch auch beschränkt
Jeder von uns begegnet dem Dunkel
Menschliche Vielfalt, du bist das Geschenk

Die Felder sirren sanft

Die Felder sirren sanft
es weht ein Sommerwind
die Vögel singen
ich schlafe bald schon ein

Die Fledermaus schnalzt laut
und weckt mich Mitternacht
ich seh ihr ins Gesicht

Ohne Grund

Es ist ein wunderbarer Tag
Auf allem liegt ein Lächeln
Ich gehe durch den alten Park
Die Luft hilft Düfte fächeln
Und alles ist so wie ichs mag

Seele wund
Ohne Grund
Toter Hund

Ich tret an einen klaren See
Er spiegelt Blau und Wolken
Hoch oben weiß wie frischer Schnee
Wie Milch, die grad gemolken
Doch das ist, was ich auch noch seh

Seele wund
Ohne Grund
Toter Hund

Libelle – Luft durchflitzend …
Geschnappt vom Fisch mit seinem Mund
Ein Flügel letztmals blitzend
Sinkt mit mir langsam auf den Grund

Seele wund
Auf dem Grund
Toter Hund

Elba
(zu Ricchi e Poveri: Sarà perché ti amo)

Die Alten sitzen
und reden unten am Hafen
der eine fast zahnlos
der andre krumm, ein weitrer
mit Weißbart, Mütze, Babbo
Natale im Juli
nur eine Zigarette rauchend

Nirgends gehör ich dazu
sitze alleine zuhaus
denke mir irgendwas aus
weiß aber kaum mehr, wozu
Ach nein, keiner krault mich am Kinn
seh im Dunkel selten Gefunkel
es gibt nur Gemunkel
weil ich kein Glücksfinder bin

Manchmal
(zu Mina: Un anno d'amore)

Ihr werdet euch erinnern,
ich hab euch einiges gesagt
und auf den Kopf geküsst,
ich zupft' euch an den Ohren

Erinnert euch an mich,
Geschichten, oft erzählt,
wie ich versuchte alles
zu schaffen, so gut es ging

Du wirst dich erinnern, wie wir
uns küssten, Liebe machten,
ich mich an deine Küsse, deinen Blick,
und dass du mal über einen Witz von mir gelacht hast

Denkt an mich, - manchmal,
wenn Wolken vorbeiziehn

Sommertraurigkeit
(zu Gino Paoli: Il cielo in una stanza)

Hitze von 40 Grad
Klimaanlagen rauschen, Regen fällt nie
Ich sitz im Auto
Lana del Rey singt ‚Zimtgirl'

Vor mir der Eingang in eine Bar
Da schwingt der Perlenvorhang
Langsam im Takt der Musik
Du bist dort gerade verschwunden, Honig-Pu

Heiße Umarmungen nachts im stickigen Zimmer
Schweiß läuft über nackte Haut
Fledermausschnalzen am Fenster

Summertime Sadness, oh yeah
- Ameisen schwärzen das Fleisch
Das einem Körper gehörte -
Wir nehmen dich mit in den Norden

Erinnern uns,
wenn der Schnee fällt

Italien

Glück

Synthetisier mir die MiniMetrò
den unterm Daumen hochschießenden Wasserstrahl
die Kinder im glitzernden Regen
D, die hier studiert hat
dazu das Cinnamon Girl Solo – laut

Flattre Zitronenfalter aus Caravaggio-Dunkel
über alten Mauern mit Werbeplakaten empor

Zwischen den Hügeln spielt die Barista
Lucio Battisti senza tristezza
Bücher stehn rum mit Gekritzel drin
'It was not raining'

Jetzt strömen unter dem Greif Klaviertöne
hinaus in die Hitze

Collestrada

Hässlichkeit ward mir zum Lose
Weil ich hier gelandet bin
Geflickte Ausfahrtsstraßen
Altes Metallgestänge in verdorrten Parks
Stehengebliebene Zeit

Handgemalte verblichene Werbeplakate zehn Meter breit
Ein Auto wird von einer Hand in Seifenschaum geschoben
Im Schatten darunter sitzt der Betreiber und schaut auf sein Handy

Auf dem Hügel stehen die Pinien im warmen Wind
Neben dem früheren Krankenkloster
Auf der vergilbten Wiese mit Disteln, Zigarettenkippen und Hundekacke
Wiedergefundene Zeit

Vasto

Wir fahren zwischen Oleanderblüten
der Duft erinnert mich an etwas Unbestimmbares
dazu ein Hauch vom Meer
vom Schwung der Bucht
ein Kuss der Küsse sucht

Zerzauste Zistrosen, abgelegner Strand
das Wasser glitzert wie ein Gedanke
Ich lotse ein junges Nichtschwimmerpaar
von ihrem umklammerten Felsen an Land

Durchglüht danach im Dunkel
des stickigen Zimmers:
die Söhne schaun ins Zeichentrickgeflimmer
und bald fällt mein Notizheft auf die Fliesen

Der Regen stürzt herab, die Pinien triefen
die Badegäste stehn in Pfützen
gedrängt und fröstelnd unter einem Dach

Von einem Stadtpalazzo
schaut jemand über einen Garten
aufs aufgewühlte Meer
und denkt schon an den Winter
wenn Jadewellen mit gefrornem Eisrand warten

Im halb verfallnen Park
- an Tänze dort erinnern sich die Alten -
versucht ein kleiner Junge
bei der Cafébar-Frau
ne Tüte Chips zu schnorren
doch lachend schickt sie ihn
zurück zu seinen Eltern
die Nachtclubsängerin

Ausklang

Zeitreisen

Die Kirche hat ne Macke
und Macke hat ne Kirche gemalt
vor der jetzt Trinker stehen

Im Haus gegenüber hat mir mal jemand begeistert von der
'Winterreise' erzählt

An der Ecke
Aceitunas Boquerones
- ‚Hawen Sie noch Bein?‘

Unter der Brücke der Siegesgöttin
wölbt sich an einer Stelle das Pflaster
als läg ein toter Elefant darunter
in einem Baum hängt eine Unterhose
Oben schaut man ins Grau auf Gleise und Güterzüge
Müllverbrennung Schlachthof Bordell

Weiter gehts zu einem Park
mit schwarzbrandigem Kriegerdenkmal
da liegt einer
alle vier Ecken solln Adler bedecken
Auf einer Bank sitzend wären hier ein Freund und ich
beinahe von einem regenschweren Kastanienast erschlagen worden

Da drüben hat meine Schwester mal mit einer Freundin gewohnt
die ihre Muskeln im Gesicht einzeln bewegen konnte

Für die Söhne ist der Parcours übers Klettergerüst
wie der Weg durch die Zone in 'Stalker'

Im Haus dort drüben hab ich mich beim Partytanz betrunken
danebenbenommen
mit Judowurf anstelle Schieberschritts

Zehn Jahre zuvor hatte ich daneben verkrampft in der WG von
Schulfreunden gesessen,
die von Miles Davis, Hunter S. Thompson und vom Reich der Sinne
redeten

Jetzt schau ich auf die Knochen eines Paars
deren Gesichter rekonstruiert wurden
mittelalte Rheinländer
14 Tausend Jahre tot

Ein kleines Pferd ein abgenutztes Schmuckstück
Spuren Grabbeigaben Minnesang
we hurry to our deaths

Wir kaufen Wuppis
ich denk an Tuffi

Eine Mimose blüht

In der warmen Wohnung
spielen die Söhne

Februar, Kölner Zoo

Februar, Kölner Zoo
Um Orientbauten weht ein Wind
Bismarck, Zigarrenrauch und Leder
Geratter von Kutschen, Pferdeäpfel

An einem Gefängnisausgang hängt ein Faultier
Entspannt sehn die Tiere durch die Menschen hindurch
Okapi, schimmernd nougatbraun mit Zebraflanken,
verbirgst dich hinter schütteren Gebüschen

Die Paviane laufen im Kreis um die Insel
Gebleckte Zähne, hässliche Pos
die Männchen drücken die Weibchen zu Boden
sie stoßen sie kurz, renn dann woanders hin
Und einer beschaut sein Bild im Wassergraben,
berührt es mit gespitzten Lippen - da ist es fort

Der kalte Wind weht über die künstliche Landschaft
Und peitscht die Grannen vom Savannengras
Er trägt Geruch von Elefantendung zu uns,
die wir die mitgebrachten Brote mampfen

Im Juni

Fremd bin ich eingezogen, fremd zieh ich wieder aus
Mein Vater liebte Schubert, mein Sohn singt grad' T Rex
'I was dancing when I was twelve'
Vor 30 Jahren tanzte ich nachts mit Kopfhörern nackt im Dunkeln

Fledermausflattern zur Sommersonnenwende nun
Wind lässt die Bäume wogen, helle Gewitternacht
Einmal im Flug im Fell des Himmelsbisons schlafen
das muss gemütlich sein, denken die Kinder sicher
Avatar läuft und draußen weht der Lindenblütenduft
tiefste Erinnerungen, metamorphosensüß

Vier Ideen: Beschreibung Fitnessgirl auf Litfasssäule,
Erinnerung an einen Sommer in New York
mit einem Versuch über Kunst, Drogen und Tod,
dann drei das Syphilis-Paris, die Brüder de Goncourt
und schließlich erscheinen die Geister Verstorbener
schlafkranken Soldaten im thailändischen Dschungel

Im Schatten unterm Lindenbaum schläft ‚Efendi'
betrunken, in seiner Hand liegt eine Blume
„Non abandonarmi mai" – verlass mich nicht
Battiatos Song begleitet mich im Auto und im Kopf

F geht auf Klassenfahrt, ich spiel mit M
und ein paar Freunden Fußball vor einem Krankenhaus
der Ball hüpft mit uns über Beton und Scherben

Schlaf ‚To the Lighthouse' lesend ein, Erkenntnis: Alles stirbt
Zwei Fischchen, zig Millionen Jahre alt
P weckt mich, Liebe im Mondlicht, Lust unter den Linden

Am Rhein zwischen Heuballen und auf zirpenden Wiesen
Wandergespräch über Literatur und den Krieg

Zuhause hör ich "What you had and what you lost"
mach Zitronen-Granita, trink Tee aus den blauen Bergen